AF465190

LA DESCRIPTION

DU

CHATEAU

DE

VERSAILLES.

A PARIS,

Chez ANTOINE VILETTE,
Marchand Libraire. 1687.

C

V

C

a de
tray
rage
clin
gran
& c
mai
nific
le li
délic
d'au
les,

DESCRIPTION
DU
CHATEAU
DE
VERSAILLES.

C'EST dans ce lieu charmant, où le ciel verſe abondamment ce qu'il a de plus rare & de plus attrayant, dont il puiſſe avantager ce bas Monde. L'inclination qu'il inſpire au plus grand des Roys, d'y verſer & d'y répandre à pleines mains les marques de ſa magnificence Royale, & d'en faire le lieu de ſes plus ordinaires délices, préférablement à tant d'autres de ſes Maiſons Royales, luy peut donner le rang à tres-juſte titre, de l'une des ſept merveilles de la Fance. Je mets au nombre de ces ſept merveilles, le *Louvre*, *Fontaine-bleau*, le *Château* de *S. Germain*, dans lequel ce grand Roy a pris naiſſance, le *Palais*, là où l'Auguſte Parlement des Pairs s'aſſemble, & où ce grand Roy Sied ſouvent en ſon lict de juſtice, le *Canal* pour la jonction des deux mers, le *Port-Louys*, & cét admirable lieu de *Verſailles*.

Le premier qui mit la belle ſituation de ce lieu en quelque conſidération, fut Martial de *Loménie*, gentilhomme Limoſin, s'étant diſtinguè par ſon mérite extraordinaire qui luy procura la faveut des Princes de la Maiſon d'Albret Roys de Navarre, auſquels

l'Au

l'Auguſte Maiſon de Bourbon à ſuccedé, êtant honnoré de la charge de ſeul *Greffier* du *Conſeil*, (elle n'eſtoit pas alors partagée) il acquit ce lieu de *Verſailles* & en fit ſa Maiſon de plaiſacne : mais comme il ſe trouva envelopé dans la malheureuſe conjoncture du temps, auquel on fit le maſſacre de la S. Barthelemy, & qu'il faiſoit profeſſion de la Religion Reformée, *Albert de Gondy Duc de Retz* qui êtoit dans la faveur du Roy Charles IX. enviant de longue main cét agréable lieu, & y ayant jetté les yeux de ſa concupiſcence pouſſa ce Roy à la perte de ce Seigneur de *Verſailles*, pour avoir la confiſcation de cette terre, aprés qu'il eût eü la tête trenchée, deux ou trois jours aprês le grand massacre, sur la Tour du grand Châtelet, ainsi que les histoires de Frāce en font foy.

C'étoit l'Ayeul paternel de feu Henry Auguste de *Lomé-nie* Comte de *Brienne*, Grand-maître & Prevost de l'Ordre du S. Esprit & premier Secré-taire d'Estat, décédé depuis 15 ou 16 ans,

La situation de ce lieu a semblé si charmante & si agré-able à sa Majesté, qu'elle en fait aujourd'huy le lieu de ses plus ordinaires délices, com-me nous avons dit. Louys XIII. d'heureuse memoire n'a point tout-a-fait dédaigné ce lieu-cy, bien qu'il soit vray que sa Majesté se plaisoit be-aucoup davantage à S. Ger-main en Laye, qui n'en est éloi-

gn

gné que de trois lieües. Mais nôtre Louys le Grand apreſent Régnant l'aime tant, que pour le rendre plus commode, il y embloye actüellement vingt-mille hommes pour creuſer un grand Canal, afin de ſervir d'un nouveau lict à la riviére d'Eure qui y paſſera deſormais: Et il n'epargne rien, à ce que tout ce que l'Art peut adjoûter à la nature, y paroiſſe dans ſa derniére perfection.

Entre toutes les Maiſons Royales, celle de Verſailles ayant particuliérement eû le bon-heur de plaire au Roy, Sa Majeſté commença en l'année 1661. à y faire travailler pour la rendre plus grande & plus logeable qu'elle n'étoit. Car ce Château que

Loüis XIII. avoit fait bâtir n'étoit composé alors que d'un Corps de Logis simple, de deux aîles, & de quatre Pavillons ; De sorte que pour y loger une Cour aussi grande qu'est aujourd'huy celle du Roy, il a fallu l'augmenter beaucoup. Cependant comme sa Majesté a eu cette pieté pour la memoire du feu Roy son Pere de ne rien abatre de ce qu'il avoit fait bâtir, tout ce que l'on y a adjoûté n'empêche point qu'on ne voye l'ancien Palais tel qu'il étoit autrefois, excepté que l'on a pavé la Cour de marbre, qu'on l'a enrichie ce fontaines & de figures, qu'on a orné les encoigneures de voliéres, & les faces de Balcons dorez ; & qu'enfin l'on en a embelly toutes

toutes les parties pour répondre en quelque ſorte au reſte des grands bâtimens qu'on y a adjoûtez, & faire que la propreté & la délicateſſe des ornemens fiſt ſupporter ce qu'il y a de trop petit dans l'ancien bâtiment. Ce qui rend à preſent cette Maiſon ſi magnifique qu'elle eſt ſans doute un des plus beaux lieux qui ſoit au monde. L'Art ayant non ſeulement reparé par ſes ſoins les deffauts que la Nature y avoit laiſſez, mais l'ayant enrichy de tout ce qu'on peut rencontrer de plus rare & de plus beau dans toutes les autres Maiſons de plaiſance.

Comme celle-cy eſt aujourd'huy les délices du plus grand Roy de la terre; qu'elle est tous les jours visitée de tout ce qu'il y a de personnes en France, & que les Etrangers & ceux qui ne peuvent pas avoir le plaisir de la voir sont bien-aises d'en ouïr raconter les merveilles ; Il a été trouvé à propos, qu'en attendant que toutes les choses qui sont commencées, & ausquelles on travaille sans cesse dans cette Maison Royale, soient entiérement achevées & donnent lieu d'en faire une description ample & exacte, l'on en commençât une, qui bien que bréve & sommaire, ne laissera pas de donner quelque idée de cét agréable séjour à ceux qui en sont éloignez. Elle pourra même servir à beaucoup de personnes qui vont la visiter

viſiter ; Car en leur faiſant obſerver par ordre une infinité de choſes ſur leſquelles ordinairement la vuë ne s'arrête pas à cauſe de la grande quantité d'objets qui diſſipent les ſens, & qui cependant méritent toutes d'étre conſiderées en particulier ; Ils auront encore moins de peine à s'en ſouvenir, & à repaſſer agréablement dans leur eſprit ce qu'ils auront vu pour en faire part à leurs amis.

Verſailles eſt composé comme je viens de dire, de l'ancien Château que le Roy a trouvé bâty ; des édifices de même ſymétrie qu'il y a fait adjoûter pour le rendre plus logeable ; & outre cela d'un Grand Corps de bâtimens qui l'environne du côté du Jardin, & dont l'architecture est tres-magnifique. N'étant éloigné de Paris que de quatre petites lieuës, on y peut aller aisément sans être obligé de coucher dehors ; ce n'est pas qu'un seul jour puisse suffire pour en bien voir toutes les parties ; Cependant ceux qui employent bien l'espace d'une grande journée peuvent en parcourir tous les lieux.

La Maison est bâtie sur une petite éminence élevée au milieu d'un grand valon entouré de colines. Lors qu'on a dêcendu celles qui le cachent du côté de Paris, on entre dans une avenuë de quatre rangs d'ormes, qui forment trois allées dont celle du milieu à vingt-cinq toises

ſes de large, & les deux autres chacune dix toiſes. Cette avenuë qui eſt d'une grande longueur, ſe termine devant le Château dans une place qu'on appelle la Grande Place Royale ; au milieu de laquelle il doit y avoir une fontaine, & où aboutiſſent encore des deux autres côtez deux autres avenuës un peu moins larges que celle dont je viens ce parler. Ces trois avenuës font un effet fort agréable quand on les regarde du côté du Palais. La Grande Place a cent quatre vingts toiſes de face, dans ſa plus grande largeur. Elle eſt environnée avec ſymétrie des Pavillons que les Princes & les Seigneurs de la Cour ont fait bâtir, & du reſte des maisons particuliéres qui forment la nouvelle Ville.

De cette Place l'on monte dans une autre qui est en forme de demy-lune, & qui contient par le haut toute la largeur de la face du logis. Elle fait partie de l'Avant-cour qui depuis le commencement de la demie-lune jusques à la Grande Cour du Château a quatre-vingts cinq toises de long; & aux quatre coins quatre gros Pavillons qui servent de logement à plusieurs Officiers.

De cette Avant-cour l'on entre dans la Grande Cour qui est fermée d'une Balustrade de fer avec deux Corps de logis sur les aîles. Ils ont en face chacun un Pavillon avec des Balcons soûtenus de Colomnes,

lomnes, & ornez de Statuës. Ces deux Grands Corps de bâſtimens avec leurs Pavillons ſervent pour les offices, & ont derriére eux des Cours & d'autres logemens ſéparez. Joignant ces deux aîles il y a d'autres Corps de logis doubles, qui attachent le Château neuf avec le vieux, & rétreſſiſſant le bout de la Grande Cour, ſe terminent avec beaucoup de grace à la Petite, qui eſt plus élevée.

Il eſt bon de remarquer d'abord, que comme le Soleil eſt la deviſe du Roy, & que les Poëtes confondent le Soleil & Apollon, Il n'y a rien dans cette ſuperbe Maiſon qui n'ait rapport à cette divinité; Auſſi toutes les figures & les ornemens qu'on y voit n'eſtant

tant point placez au hazard, ils ont relation, ou au Soleil, ou aux lieux particuliers où ils sont mis. C'est pourquoy comme ces deux aîles de la Grande Cour sont particuliérement destinées aux offices de la Bouche, du Gobelet, de la Panneterie, de la Fruiterie, & des autres Offices de Sa Majesté; Ceux qui ont la conduite de ces grands Ouvrages ont fait representer les quatre Elémens sur le haut des Portiques de ces deux aîles, puis qu'à l'envy l'un de l'autre ils fournissent ces Offices de tout ce qu'ils ont de plus exquis pour la nourriture des hommes, Car la Terre donne libéralement ses animaux, ses fruits, ses fleurs & ses liqueurs. L'Eau fournit

nit les Poiſſons ; L'Air les Oiſeaux ; Et le Feu le moyen d'apprêter la pluſpart de tous ces alimens. Er parce qu'il y a douze Figures dans la Grande Cour, ſont douze figures ſur chaque Balcon, chaque Elément a trois Figures qui le repreſentent,

La Terre eſt figurée par Céres, Pomone & Flore. Ces trois figures ſont ſur le Balcon á gauche en entrant.

L'Eau eſt repreſentée par Neptune, Thetis & Galathée qui ſont enſuite ſur le même Balcon.

L'Air eſt repreſenté par Junon, Iris & le Zéphire. Ces figures ſont ſur le Balcon à main droite.

Le Feu par Vulcain & deux Cyclopes, Sterops & Bronte, qui

qui sont ensuite sur le même Balcon.

Chacun de ces Balcons a dix toises de long, qui est la largeur de chaque Pavillon.

De cette Grande Cour l'on entre dans la petite Cour où l'on monte d'abord par trois marches, & aprés avoir passé un large paillier, on monte encore cinq autres marches. Cette Cour est pavée de marbre blanc & noir, avec des bandes d'autre marbre blanc & rouge ; Au milieu est un Bassin de fontaine de marbre blanc, avec un Groupe de figures de bronze doré.

La face & les aîles du petit Château sont bâties toutes de briques & de pierre de taille ; & dans les trumeaux entre les fentêres, il y a une infinité

finité de Bustes de marbre sur des Consoles, de mesme pour la décoration du Palais ; Au devant de la face est un Balcon soûtenu par huit colomnes de marbre jaspé de blanc & rouge. Elles sont d'ordre Dorique, ayans leurs bases & leurs chapiteaux de marbre blanc. Dans les deux angles des aîles de la face il y a deux trompes de pierre de taille, qui portent deux cabinets environnez de voliéres de fer doré, & au dessous deux bassins de marbre blanc en forme de grandes coquilles où sont de jeunes Tritons qui jettent l'eau.

Le Corps du logis du milieu a trois ouvertures, dont les Portes sont de fer doré. Par ces Portes revêtuës de marbre,

marbre, on entre dans un Vestibule aussi pavé de marbre, il se communique à droit & à gauche à deux appartemens composez d'antichambers, chambres & cabinets.

Aux deux aîles de la petite Cour sont deux Escaliers de marbre jaspé de rouge & de blanc, qui conduisent aux appartemens hauts. Celuy qui est à droit mene d'un côté sur l'aîle à une Salle & à une Gallerie, & de l'autre côté à plusieurs chambres qui font l'appartement du Roy, separé de celuy de la Reine, par un Salon qui occupe le corps de logis du milieu, & d'où l'on va de plein-pied par trois portes sur une grande Terrasse qui regarde le Jardin, Certe Terrasse est toute pavée de de marbre blanc, noir & rouge, avec un baſſin de marbre blanc au milieu, d'où s'éleve preſentement un gros jet d'eau, où l'on doit mettre un Groupe de figures de bronze dorées, qui jetteront de l'eau.

Du Château-Neuf.

ON appelle le Château-Neuf ou grand Château tous les Corps de Logis que le Roy a fait joindre à l'ancien bâtiment de Verſailles. Ils ont vuë ſur le Jardin & ſur des Cours qui les ſéparent du petit Château, auquel néanmoins ils ſont joints par de grands Eſcaliers qui communiquent aux appartemens hauts.

Le Bâtiment qui eſt à main droite & du côté de la Grote eſt composé par bas de

pluſieurs

plusieurs piéces de différentes grandeurs.

Lorsque de la Grande Cour on a passé soûs un Portique on rencontre le grand Escalier qui a treize toises & demie de face, sur plus de cinq toises de large, on peut entrer dans le grand Appartement bas par la Cour qui est au-de-la de cét Escalier, ou bien par une Arcade qui est au bas du même Escalier & qui conduit dans un Vestibule, qui a vuë sur le jardin comme toutes les autres piéces qui suivent.

De ce Vestibule l'on entre dans un Salon qui doit étre orné de la même maniére que celuy qui est en suite, lequel est peint dans ses côtez & dans son plat-fond de peintures à Fraisque. Les différens tens morceaux d'Arhitecture qu'on y a repreſentez font paroître ce lieu comme environné de pluſieurs colomnes diverſement ornées, & encores plus grand & plus élevé qu'il n'eſt en effet.

De cette Sale on paſſe dans une autre qui ſert de Veſtibule lors qu'on entre par la Cour dans ces appartemens. Le plafond en eſt ſoûtenu par huit colomnes d'ordre Dorique qui ſont d'un marbre jaſpé de blanc & rouge qui vient de Dinan & du païs de Liége, Les chapiteaux & les baſes ſont d'un autre marbre un peu plus gris, qu'on appelle petite Bréche. Ces huit colomnes ſont diſpoſées en deux rangs, quatre d'un coſté quatre d'un autre, & ſéparent

parent le Vestibule en trois parties. Contre les murs & vis à vis les colomnes sont des pilastres de même marbre qui portent la corniche qui régne au dessous du plafond : Et du côté qui est opposé aux fenêtres, il y a deux niches pour mettre des figures.

Ensuite de ce Vestibule est une autre Sale dont la corniche qui soûtient le pla-fond est portée par douze colomnes d'ordre Jonique, avec leurs pilasttes en arriéres corps. Les quatre colomnes qui sont dans les angles avec les douze pilastres sont d'un marbre blanc & noir, & les huit autres colomnes sont d'un autre marbre appellé Bréche, qui vient du côté des

des Pyrénées, dont le fond eſt blanc tachêté de couleurs rouge, noire, violet, bleu, & jaunâtre. Les chapiteaux & les baſes des colomnes & des pilaſtres ſont d'un beau marbre blanc.

De cette Sale l'on entre dans une autre de même grandeur, dont le pla-fond eſt de figure octogone. Tout autour ſont placez contre les trumeaux des portes & des fenêtres douze piéd-eſtaux doubles de marbre tres-rare, ſur leſquels ſont douze Figures de jeunes hommes de bronze doré, ayant des aîles au dos, qui repreſentent les douze mois de l'année. Les Chambranles ou bandeaux des portes & des croiſées ſont de marbre de Languedoc, couleur de Feu & blanc.

A côté de cette Sale est la Chambre, & le Cabinet des Bains ; Ce dernier est comme séparé en deux, car la partie où l'on entre d'abord a dix-huit pieds en quarré, & dans le milieu il y a une grande Cuve de marbre ; Mais l'autre partie qui est plus enfoncée, & qui fait comme une espéce d'Alcove où l'on monte quelques degrez, n'a que neuf pieds de large sur trois toises de long. C'est-là que sont les petites Baignoires de marbre ; & au derriére est le réservoir pour les eaux. Toutes ces piéces sont pavées de différentes sortes de marbre. Et comme les Chambranles & les embrazures des Portes, les Appuis & les

& les embrazures des fenêtres, les lambris, & tout ce qui n'eſt pas couvert de tapiſſerie, eſt revêtu de différens marbres mis par compartimens les uns dans les autres, tous ces lieux paroiſſent ſolidement bâtis de cette riche matiére que le Roy a fait venir de pluſieurs endroits de ſon Royaume, où depuis dix ans l'on a découvert des carriéres de mabre de toutes ſortes de couleurs, & auſſi beaux que ceux que l'on amenoit autrefois de Gréce & d'Italie. L'on a obſervé d'employer ceux qui ſont les plus rares & les plus précieux dans les lieux les plus proches de la perſonne du Roy; De ſorte qu'à meſure qu'on paſſe d'une chambre dans une autre, on y voît plus de richesse, soit dans les marbres, soit dans la sculpture, soit dans les peintures qui embélissent les pla-fonds.

L'on a tenu la même conduite dans l'Appartement d'en-haut; Car lors qu'on a monté l'Escalier qui a deux rampes, l'une à droit & l'autre à gauche, & qu'on est arrivé par la premiére dans le grand paillier; l'on entre dans sept autres piéces de plain-pied, qui sont toutes diversement ornées de peintures & de marbres de différentes espéces.

La premiére est un Salon qui a cinq toises & demie de long sur cinq toises de large. Les bandeaux des portes & des fenêtres sont de marbre jaspé

jaſpé de blanc & rouge. Les embrazures des portes & des fenêtres, & les lambris qui régnent tout aurour ſont de marbre blanc, remply par compartimens de marbres rouge & blanc, d'un autre marbre verdâtre qu'on nomme de Compan, & qui vient des Pyrénées, & d'un marbre blanc & noir.

La ſeconde, qui eſt la Sale des Gardes, a les bandeaux de ſes portes & de ſes fenêtres d'un marbre qui vient de Bourbonnois, qui eſt mêlé de rouge, de blanc, de noir & de jaune, Les embrazures & les lambris ſont de piéces de rapport de même marbre, & de petite Bréche ſur un fond blanc.

La troisiéme est une Antichambre. Le marbre dont sont faits les bandeaux des fenêtres & des portes est de celuy qu'on nomme Brêche. Les lambris & les embrazures sont aussi de rapport du même marbre & d'un autre de vert, qui est sur un marbe blanc.

La quatriéme est une Chambre ornée dans ses portes & dans ses fenêtres de marbre vert-brun & rouge, avec des taches & veines d'un vert de la couleur des Eméraudes. Les Ouvriers l'appellent vert d'Egypte, quoy qu'il soit aussi tiré des Pyrénées. Les lambris & embrazures sont de marbre blanc remply par compartimens d'un autre marbre d'Egypte mais

mais plus rougeâtre, d'un autre marbre noir & blanc, & d'un beau marbre d'Agathe qui vient de Serancolin & du côté des Pyrénées.

La cinquiéme qui eſt le grand Cabinet eſt de même grandeur que la Chambre. Les bandeaux de ſes portes & de ſes fenêtres ſont d'un marbre noir avec des veines jaunes. On le nomme *portôro*, & vient auſſi des Pyrénées. Les lambris & embrazures ſont de rapport du même marbre, de celuy qu'on nomme d'Egypte, & de celuy de Serancolin, ſur un marbre blanc,

La ſixiéme eſt la petite Chambre à coucher. Tout le marbre dont elle eſt ornée eſt de couleur de feu, avec dés des veines blanches, & ſe nomme marbre rouge de Languedoc.

La ſeptiéme eſt le petit Cabinet qui a ſes iſſues ſur la grande Terraſſe pavée de marbre dont il a été parlé cy-devant. Les Chambranles des portes & des fenêtres ſont de marbre vert & rouge, avec des veines blanches, qu'on appelle Campan. Les embrazures & les lambris ſont du même marbre, de celuy de Languedoc, & de celuy qu'on nomme d'Egypte, rapportez par différens compartimens ſur un marbre blanc.

Toutes ces piéces ſont parquetées de menuiſerie ; & Les portes doivent étre de bronze doré travaillées à jour. Les pla-fonds doivent étre enrichis

enrichis de peintures, par les meilleurs Peintres de l'Académie Royale. Et comme le Soleil eſt la Deviſe du Roy, l'on a pris les ſept Planétes pour ſervir de ſujet aux Tableaux des ſept piéces de cét appartement. De ſorte que dans châcune on y doit repréſenter les actions des Heros de l'antiquité, qui auront rapport à châcune des Planétes & aux actions de Sa Majeſté. On en voit les Figures ſymboliques dans les ornemens de ſculpture qu'on a faits aux corniches, & dans les pla-fonds.

De l'autre côté qui regarde l'Orangerie, eſt un logement ſemblable à celuy dont je viens de parler. L'Eſcalier n'eſt pas ſi grand que celuy du

Roy, parce que la Chappelle qui est tout proche occupe une partie de la place. L'Appartement d'en-bas sert à loger Monseigneur le Dauphin. Il est aussi orné de differens tableaux dans les pla-fonds.

L'Appartement qui est au dessus est le logement de la Reine, composé d'un pareil nombre de Chambres que celuy du Roy. Elles sont toutes revêtues des mêmes sortes de marbres, mais rapportez & mis les uns dans les autres de différentes maniéres : Et les peintures qui ornent les pla-fonds doivent aussi representer les actions des Heroïnes de l'antiquité, avec rapport aux sepit Planétes.

Lors que l'on a consideré

tous

tous ces differens Logemens, l'on peut ſortir du Château par le Veſtibule qui regarde le milieu de la petite Cour, & en paſſant ſous les Galeries voûtées ſe rendre ſur la grande Terraſſe qui eſt dans le Jardin à la face de tout le Palais. Elle contient cinquante toiſes de long ſur douze toiſes de large. Mais avant que d'entrer plus avant dans les Jardins & dans le petit Parc ; Cette grande face de bâtiment qui regarde le Parterre d'eau, & les deux côtez qui font l'enceinte du Château méritent bien d'être conſidérez, tant pour la grandeur majeſtueuſe de toute cette maſſe, que pour la beauté des pierres dont elle eſt bâtie, le ſoin qu'on a pris à les bien tailler,

& le choix qu'on a fait des Figures & des ornemens qui l'embelliſſent.

Deſſein des Figures & Bas-reliefs qui ornent les trois Façades du Château de Verſailles, du côté des Jardins.

LA Façade principale qui regarde le Parterre d'eau eſt ornée de trois Avant-corps ou Balcons, ayant quatre colomnes chacun, ce qui a donné lieu d'y metre douze Figures: Et ce nombre de douze a déterminé à y repreſenter les douze Mois de l'année, d'autant plus qu'il convient particuliérement au Soleil qui fait le corps de la Deviſe du

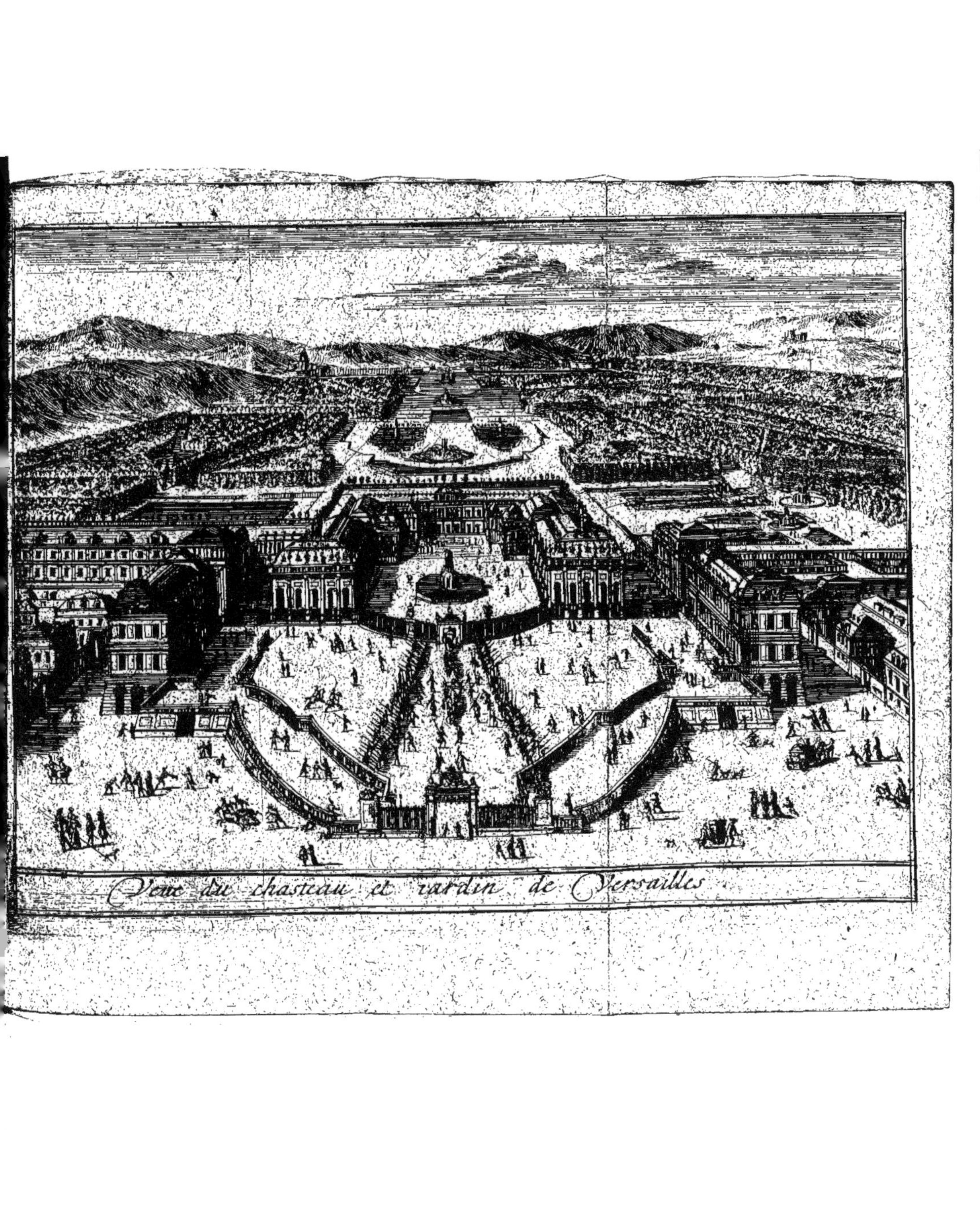

Veüe du chasteau et iardin de Versailles

d
d
[illegible]
a
A
b
n
N
b
ſi
g
n
c
t
c
n
c
t
ſ
d
p

du Roy. Les Mois de Mars, d'Avril, de May & de Juin ſont ſur le Balcon du Pavillon à droit. Les Mois de Juillet, Aouſt, Septembre & Octobre ſont ſur les Balcons du milieu de la Terraſſe, & les Mois de Novembre, Décembre, Janvier & Février ſont ſur le Balcon du Pavillon à gauche.

Dans les Bas-reliefs qui ornent les deſſus des croiſées de cette Façade, ſont repreſentez des petits Enfans qui s'occupent à des exercices convenables à châque Mois & à châque Saiſon.

Dans les Clefs de l'Appartement bas l'on y doit repreſenter des Têtes ou maſques d'hommes & de femmes, depuis l'enfance juſques à la der-

derniére vieillesse; c'est à dire depuis douze ans jusques à cent ans ou environ, parce que l'année est l'image parfaite de la vie de l'homme.

Du côté du Jardin à fleurs on a eu égard aux choses que cette face regarde, qui sont les fleurs de ce même Jardin; les fruicts du Jardin de l'Orangerie, & la Sale de la Comédie qui sera bâtie de ce còté-là; Cela a donné la pensée de mettre sur le premier Avant-corps ou Balcon quatre Figures qui président aux fleurs, sçavoir Flore qui en est la Déesse; Le Zéphire qui est son amant, & qui par la douceur de son haleine, fait sortir les fleurs hors de terre au retour du Printemps; Hyacinte favory du Soleil, &

Clytie amante du Soleil, qui ont été tous deux convertis en fleurs.

Les Bas-reliefs qui ſont au deſſous de ces Figures dans l'étenduë de cét endroit de la Façade repreſentent des Enfans ou petits Amours qui s'occupent à dreſſer des Jardins, à planter & à cultiver des fleurs, & à en faire des guirlandes.

Dans les Clefs des croiſées de l'Appartement ou bas Etage, il y aura des Têtes de jeunes garçons & de jeunes filles, couronnez de toutes ſortes de fleurs.

Sur l'Avant-corps ou Balcon oppoſé, & qui eſt à l'autre extrémité, ſont quatre Figures qui préſident aux fruicts, ſcavoir Pomone qui eſt

est la Déesse des fruicts, Vertomne qui est son amant, une des Nymphes Hespérides ayant auprés d'elle un des Orangers chargé d'Oranges d'or, & gardé par le Dragon, & la Nymphe Amalthée qui tient la corne d'abondance.

Dans les Bas-reliefs au dessous de ces figures, sont des Enfans qui plantent des arbres, & qui cueillent des fruicts.

Dans les Clefs des croisées de l'Etage bas, on verra des Têtes de jeunes hommes & de jeunes filles couronnez de toutes sortes de fruicts.

Sur l'Avant-corps du milieu qui a rapport à la Comédie, sont quatre Figures representans la Muse Thalie qui préside à la belle Comédie; Momus

mus qui préside à la bouffonnerie; Terpsicore autre Muse qui se mêle de la danse sérieuse; & le Dieu Pan qui est l'autheur de la danse grotesque.

Les Bas-reliefs qui sont au dessus representent des Enfans qui se masquent, qui dansent & qui se divertissent en différentes façons qui conviennent toutes à la Comédie.

A côté de cét Avant-corps il y a deux niches, dans l'une desquelles est une Figure representant la Musique, & dans l'autre une Figure representant la Danse; parce que la Musique & la Danse sont les vérirables ornemens qui accompagnent la Comédie.

Dans les Clefs des croisées de

de l'Etage bas, on fera des Têtes de Rieurs & de Satyres.

Du côté de la Grote l'on a eu aussi égard aux choses que cette face regarde, qui sont la Grote, les Eaux des Fontaines qui sont en veuë de cette face, & la Sale des Festins qui est de ce côté-là.

Sur l'Avant-corps ou Balcon proche la Grote, les quatre Figures qui y sont posées, sont la Nymphe Echo qui fut changée en rocher. Narcisse dont elle étoit amoureuse; Thetis & Galathée qui representent les eaux qui font le principal ornement des Grotes.

Dans les Bas-reliefs sont des Enfans qui se joüent dans les eaux, en plusieurs façons differenres.

Dans

Dans les Clefs des croiſées de l'Appartement bas, on y doit tailler des Têtes ornées de coquillages, de corail & de rocailles.

Sur l'Avant-corps & Balcon oppoſé, les quatre Figures ſont deux Dieux de riviéres, & deux Nymphes de fontaines.

Dans les Bas-reliefs ſont des Triomphes marins de toutes ſortes de façons.

Dans les Clefs des croiſées de l'Appartement bas, l'on mettra des Têtes de Dieux & de Nymphes de riviéres, ayant les cheveux moüillés & couronnez de joncs & de roſeaux.

Sur l'Avant-corps ou Balcon du milieu, les quatre Figures qui y ſont repreſentent Cerés & Bacchus qui préſident au boire & au manger. Comus qui

qui est le Dieu des festins & des réjoüissances. Et le Génie qui préside à la Joye & aux plaisirs de la bonne chére.

Dans les Bas-reliefs, sont des Enfans qui font la débauche & qui se divertissent.

Dans les Clefs des croisées de l'Appartement bas, on representera des Têtes de Siléncs, de Bacchantes & de Satyres.

A côté de cét Avant-corps il y a deux niches, dans lesquelles on a mis une Figure de Ganiméde & une de la Mymphe Hebé, qui sont occupez l'un & l'autre à verser à boire pour les Dieux.

Ce qu'il faut observer dans le petit Parc.

Aprés avoir considéré ce qui regarde le Château, l'on peut

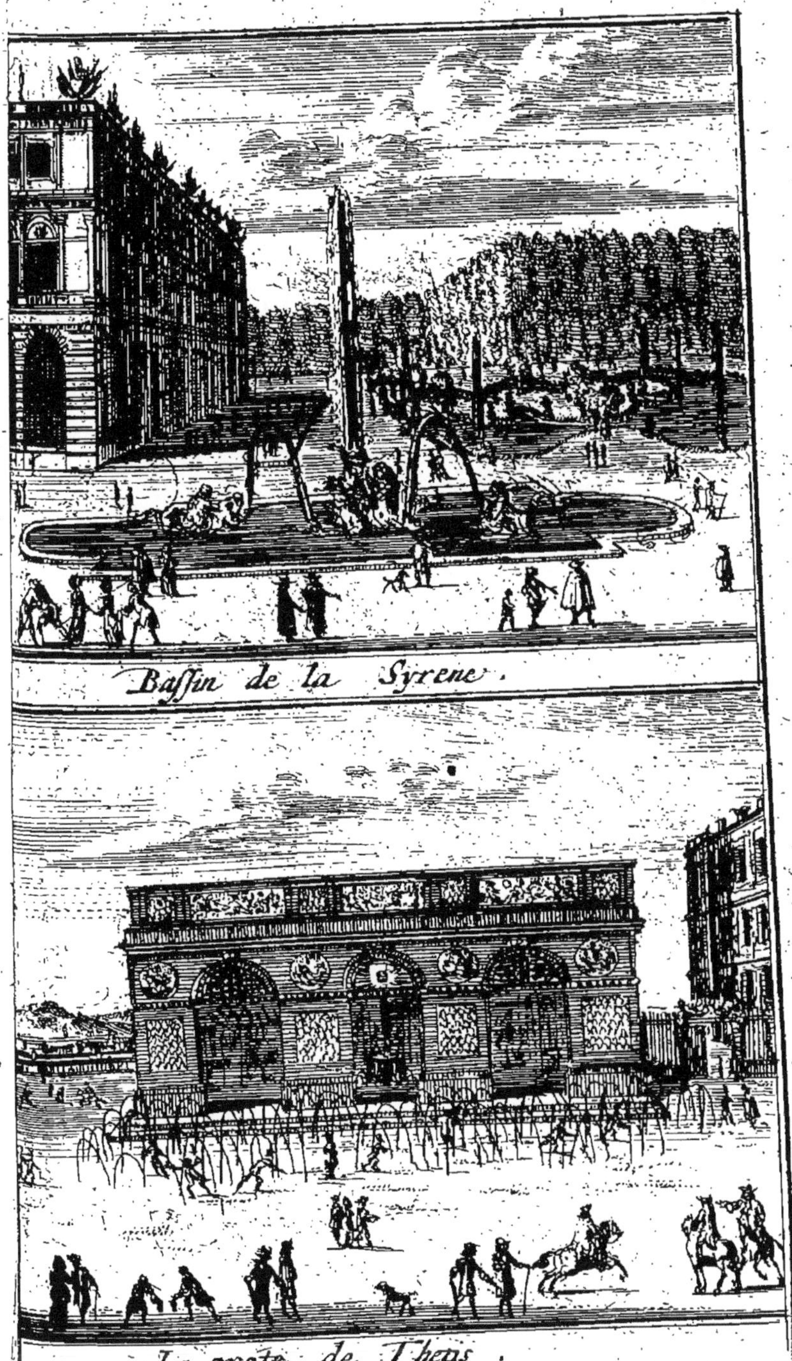

Bassin de la Syrene.

La grote de Thetis.

pe
eſt
M
nit
ye
l'o
ra
le
qu
vo
pl
ſe

I

d
fe
c
d
n
E
à

peut voir les Jardins & ce qui est enfermé dans le petit Parc. Mais comme il y a une infinité d'objetsqui attirent les yeux de toutes parts, & que l'on se trouve souvent embarassé de quel côté on doit aller, il est bon de suivre l'ordre que je vai marquer, afin de voir châque chose de suite plus commodément, & sans se fatiguer.

Bassin de la Syréne.

L'on peut donc, de cette grande Terrasse qui fait le devant du Château & qui le sépare d'avec le Parterre, dêcendre du côté de la Tour d'Eau. D'abord dans la premiére Allée l'on rencontre le Bassin de la Syréne qui est vis à vis les degrez de la Terrasse.

Ce

Ce Bassin a dix-sept toises de long sur dix de large, & par les deux bouts se termine en demy-rond ; Il est nommé le Bassin de la Syréne à cause que la principale figure qui est au milieu represente une Syréne qui jette l'eau par une grosse coquille qu'elle tient à sa bouche, & que soûtient un Triton qui est auprés d'elle. A côté de ces deux figures il y a deux Enfans assis sur des Dauphins, le tout de bronze doré & d'un travail admirable.

Grote de Thetis.

DE-là on va dans la Grote de Thetis. C'est un massif de pierre de taille rustiquement taillé par dehors, qui a dix toises en quarré ; mais qui par dedans est enrichy d'une ma-

maniére toute particuliére de diverſes ſortes de coquilles, de congélations & de toutes les choſes convenables à l'embelliſſement d'une Grote. Comme l'on a prétendu figurer par cette Grote le Palais de Thetis où le Soleil ſe retire aprés avoir finy ſa courſe, on voit dans la niche du milieu Apollon environné des Nymphes de Thetis, dont les unes luy lavent les pieds, les autres les mains & les autres parfument ſes cheveux. Dans les autres niches des côtez ſont des Chevaux avec des Tritons qui les panſent. Toutes ces figures ſont d'une beauté ſinguliére, & il y a tant de choſes dignes d'étre remarquées dans tout ce qui compoſe cette Grote, que cét endroit ſeul a dona donné lieu d'en faire une description particuliére.

Reservoirs.

DE la Grote on passe aux Reservoirs d'eau. Il y en a trois de suite. La Tour d'eau ou la grande Pompe qui est plus bas proche l'Etang, fournit d'eau à tous ces Reservoirs.

Bassins de la Couronne.

DEs Reservoirs l'on dêcend dans un grand Parterre de Gazon. Ce Parterre a dans son milieu une Allée de dix toises de large, qui du Bassin de la Syréne vient se rẽdre à la Fontaine de la Pyramide. Aux deux côtez de cette Allée & au milieu des deux piéces qui composent le Parterre, il y a deux Bassins de figure ronde.

Dans

les Reservoirs .

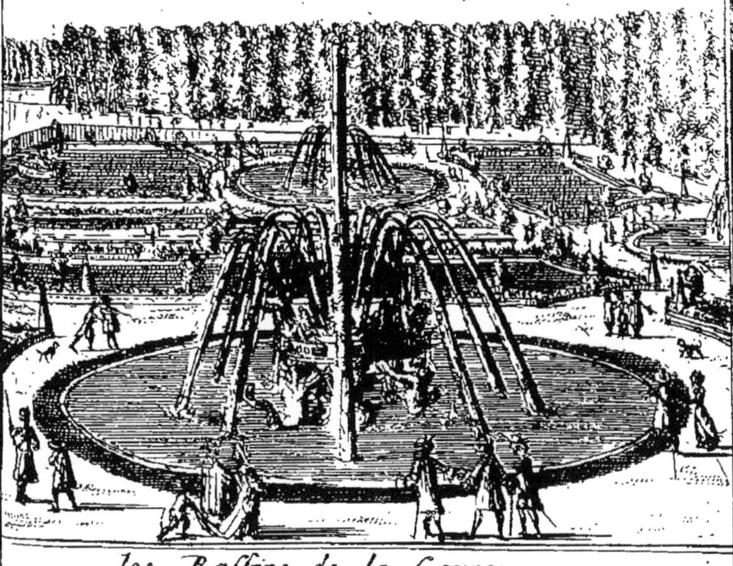

les Baſſins de la Couronne .

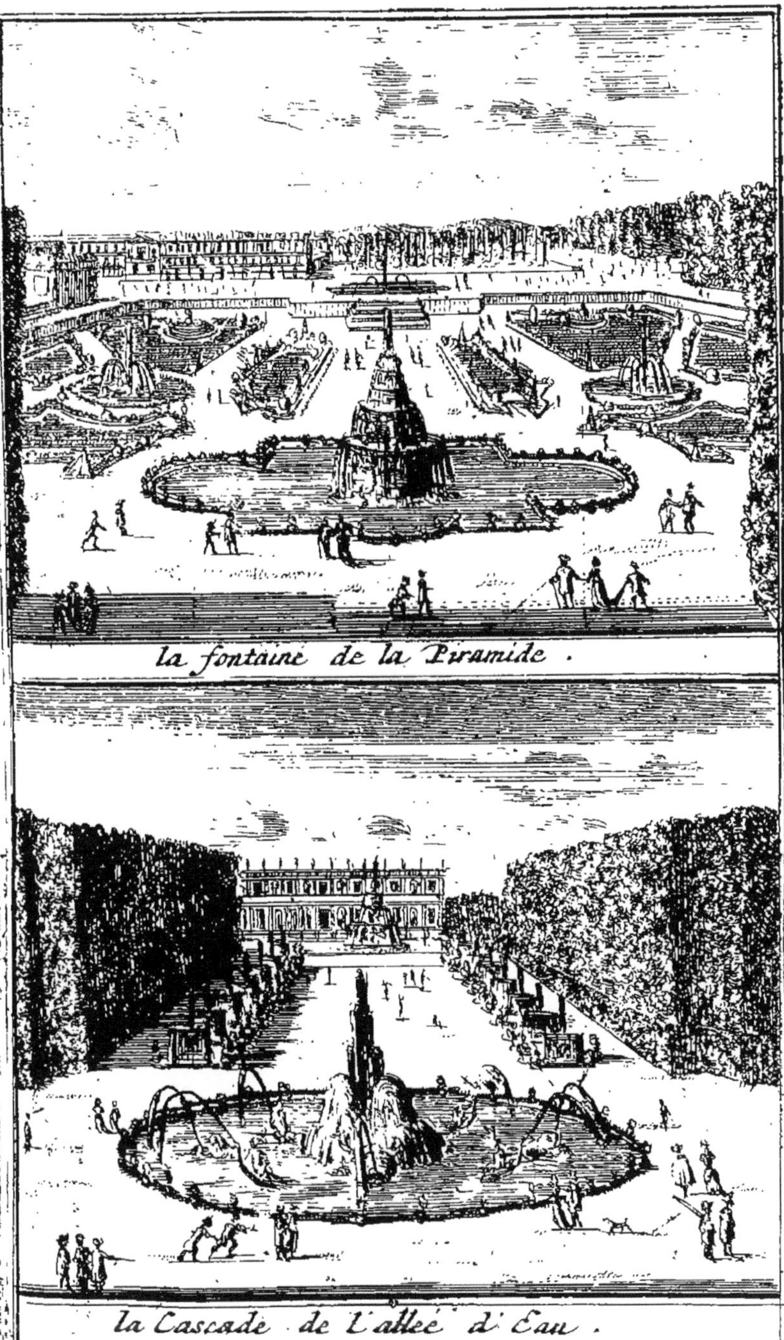
la fontaine de la Piramide.

la Cascade de l'allée d'Eau.

Dans châcun de ses Bassins est une couronne fermée soûtenuë par des Tritons & des Syrénes, le tout de bronze doré. Du milieu de la Couronne & des fleurons dont elle est ornée, il sort unze jets d'eau.

Fontaine de la Pyramide.

LA Fontaine de la Pyramide est ainsi nommée à cause de sa figure ; car le haut est un gros vase qui sort d'un Bassin soûtenu par quatre Escrevisses qui servent de consoles posées dans un autre plus large porté par quatre Dauphins. Ces Dauphins ont la Tête sur les bords d'un autre Bassin que tiennent quatre jeunes Tritons qui ont une double queuë, & qui posent dans un autre Bassin encore

 plus

plus grand, soûtenu par quatre consoles en forme de pied de Lion, & par quatre grands Tritons qui semblent nager dans le grand Bassin, dont les bords sont de pierre, & au niveau de la terre avec un rebord de gazon tout-autour. Ce Bassin est de figure quarrée, mais arondie des quatre côtez. Il reçoit toute l'eau qui tombe avec abondance & en forme d'une grosse gerbe, du vase qui est tout au haut des Bassins, d'où elle retombe sucessivement de l'un en l'autre, comme par grandes napes, qui forment comme autant de cloches de crystal, qui s'élargissent à mesure qu'elles dêcendent en bas.

Cascade

Cascade de l'Allée d'eau.

Proche de la Pyramide & à la Tête de l'Allée d'eau qui dêcend à la Fontaine du Dragon est un grand Bassin, dans lequel tombe une nape d'eau qui couvre comme d'un voile d'argent un grand Bas-relief de bronze doré, où l'on voit des Nymphes qui se baignent. A côté de ce Bas-relief il y en a d'autres qui representent des Divinitez des eaux & des Enfans. Ceux qui sont en face sont séparez par de gros masques qui jettent de l'eau par la bouche, & qui ressemblent à des Faunes ou à des Satyres, dont on ne voit que la Tête & les pieds, comme si le reste de leur corps étoit enfermé dans la pierre même dont le Bassin est revêtu.

L'Allée d'Eau.

Ensuite de ce Bassin & tout le long de l'Allée, il y a deux rangs d'autres petis Bassins de fontaines de differentes figures, posez sur deux bandes de gazon qui séparent cette Allée en trois, en sorte qu'outre celle du milieu, il y a encore deux contre-allées. Dans chacun de ces Bassins est un groupe de trois Enfans qui portent d'autres Bassins faits en maniere de Gueridōs. Mais ce qui est digne d'être remarqué, est l'agréable disposition de tous ces Enfans & leurs differentes actions. Car comme de chaque côté de l'Allée il y a sept groupes de

l'allee d'Eau.

la fontaine du dragon.

de ces Enfans diſpoſez d'eſpace en eſpace, les deux premiers de ces groupes que l'on trouve vis à vis l'un de l'autre, repreſentent des jeunes Tritons qui portent de grandes coquilles en forme de Baſſin, pleines de corail & de divers coquillages.

Les ſeconds ſont trois jeunes Enfans qui portent un Baſſin remply de diverſes ſortes de fruits.

Les troiſiémes ſont deux Amours, & au milieu d'eux une jeune Fille, ils ſoûtiennent enſemble une corbeille pleine de fleurs.

Les quatriémes ſont trois jeunes Enfans qui portent un Baſſin remply de fruits, & appuyé ſur le tronc d'un arbre.

Les cinquiémes sont trois autres Enfans appuyez contre un piédestal sur lequel est un Bassin, ils tiennnent des tambours de Basque, des flûtes & des flageolets.

Les sixiémes sont trois petits Satyres, qui ont sur leurs Têtes des corbeilles pleines de fruits.

Les septiémes qui sont tout au bas de l'Allée, sont des jeunes Thermes, c'est à dire trois figures d'Enfans qui n'ont que la moitié du corps au naturel, le reste depuis le ventre en bas se termine en forme de scabellon, ou piédestal, que l'on nomme ordinairement Gaine, dans ces sortes de figures.

Tous ces divers Enfans sont de bronze doré de me-

me que les fleurs & les fruits dont les Baſſins & les corbeilles ſont remplies ; pour le reſte il eſt de bronze. Du milieu de châque corbeille ou Baſſin s'éléve un gros jet d'eau qui baigne les fleurs & le fruits, & retombe dans les Baſſins où ſont poſez les pieds des Enfans. Les tapis de gazon ſont garnis de part & d'autre, depuis un des Baſſins juſques à l'autre, de pluſieurs vaſes de cuivre peints & dorez, & remplis de petits arbriſſeaux verts.

Fontaine du Dragon.

AU bas de cette Allée il y a un grand Baſſin rond, qui a prés de vingt toiſes de diamêtre, au milieu eſt un Dragon qui léve la Tête en haut,

& qui par sa gueule vomit l'eau d'une grosseur & d'une hauteur surprenante. Quatre Dauphins & quatre Cygnes semblent nager autour de luy. Les Cygnes portent chacun un petit Amour ; Il y en a qui sont armez d'arcs & de flêches, & qui paroissent vouloir tirer sur le Dragon ; & d'autres qui en ont peur & qui se cachent le visage de leurs mains. Le tout est de bronze doré.

Une des grandes beautez de cette Allée, est qu'étant au bas, proche la Fontaine du Dragon, & regardant en haut, l'on voit tous ces groupes d'Enfans former une agreable perspective, dont le point de veuë se termine dans cette grande cheute d'eau qui

l'a Fontaine du Pavillon.

l' Allee du Berceau d' Eau,

est au bout, & qui a encore au dessus d'elle la Fontaine de la Pyramide, dont l'eau fait des effets admirables. Et de même quand on est au pied de la Pyramide, l'on considére avec plaisir la Fontaine du Dragon qui termine l'autre extrémité de cette même Allée.

Fontaine du Pavillon.

DE ce Bassin l'on va dans un petit bosquet qui joint l'Allée d'eau dont je viens de parler, du côté de la Tour d'eau. Au milieu d'un Cabinet de verdure est la Fontaine du Pavillon. Elle est ainsi nommée à cause de quatre jets d'eau qui sortent de la gueule de quatre Dauphins de bronze, qui sont aux quatre angles d'un grand Bassin, & qui venant à se rassembler par le haut au gros jet du milieu, forment une espéce de Pavillon.

Ces cinq jets sont accompagnez de quatre autres qui sortent de quatre vases posez au milieu d'autant de Bassins, qui sont dans les quatre angles du Cabinet. L'eau de ces jets va se décharger dans le Bassin du milieu par quatre masques de bronze qui vomissent dans des coquilles.

L'Allée du Berceau d'eau.

AU sortir de ce petit bois l'on entre dans un autre qui est à l'opposite. Au milieu de ce bois est une longue Allée, agréable par l'ombre & la fraîcheur de ses arbres, mais encore plus par une in-

infini-

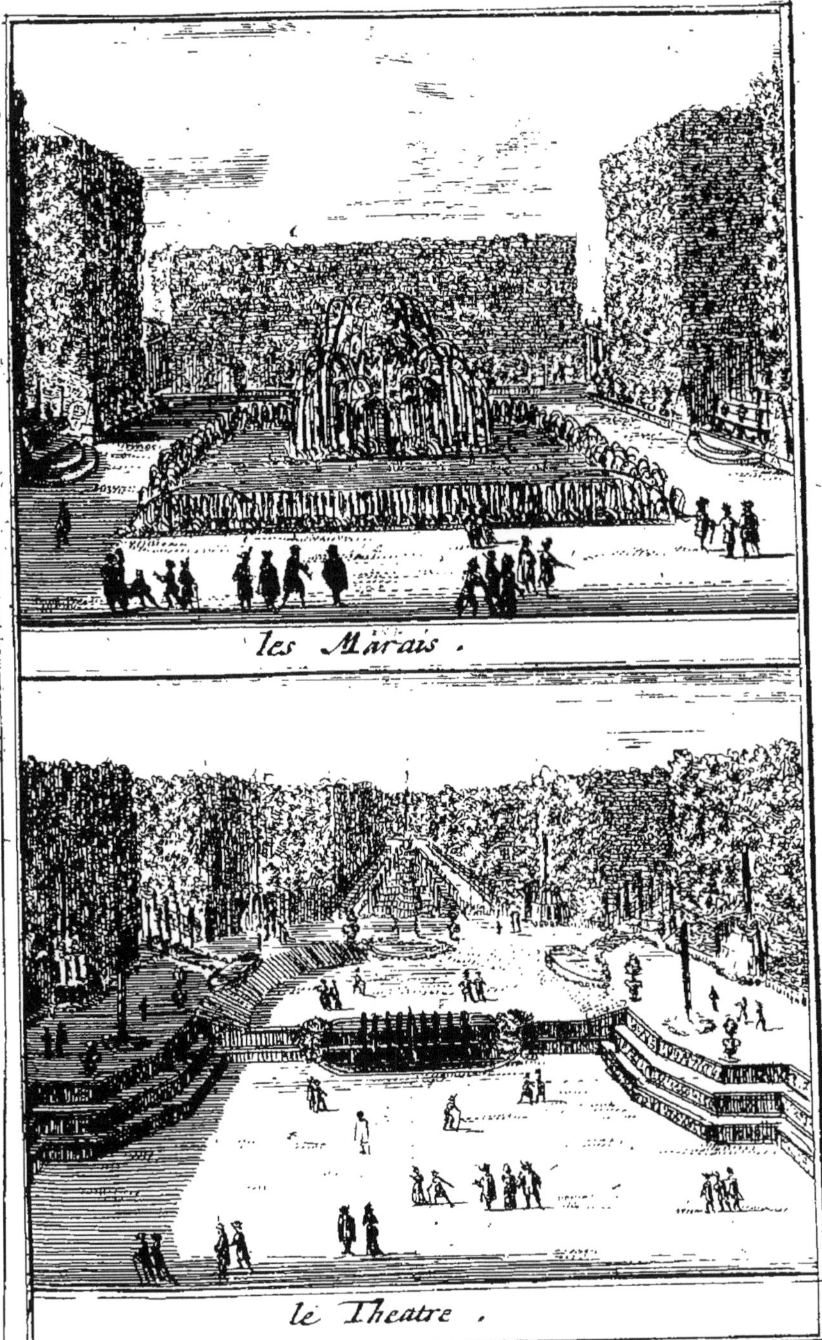

les Marais .

le Theatre .

finité de jets d'eau, qui jalliſſant des deux côtez de derriére une banquête de gazon ornée de vaſes de porcelaine, font un Berceau d'eau soûs lequel on ſe proméne ſans en étre moüillé. Aux bouts de cette Allée il y a deux gros vaſes de porcelaine d'où ſortent pluſieurs jets d'eau qui terminent la longueur du Berceau, & forment comme deux Cabinets en Pavillon.

Le Marais.

Aprés avoir traverſé l'Allée de Cerés l'on trouve dans un petit bois le lieu qu'on appelle le Marais. C'eſt un grand quarré d'eau, au milieu duquel eſt un gros arbre ſi ingénieuſement fait, qu'il paroît naturel. De l'extrémité de toutes ses branches sort une infinité de jets d'eau qui couurent le Marais. Outre ces jets il y en a encore un grand nombre d'autres qui jaliſſant des roſeaux qui bordent les côtez de ce quarré, le font paroître un véritable Marais. Aux quatre coins ſont quatre Cygnes dorez, qui ſemblent avoir fait leur nid dans les roſeaux, & qui jettent une quantité d'eau conſidérable. Aux deux bouts de ce quarré d'eau ſont deux enfoncemens où l'on monte par des marches de gazon. Au milieu de châcun de ces enfoncemens il y a une grande Table ovale, de marbre blanc, de douze pieds de long, ſoûtenuë par un piédeſtal de quatre conſoles de marbre

Jaſpé.

jaſpé. Sur châque Table il y a une corbeille de bronze doré, remplie de fleurs au naturel, de laquelle ſort un gros jet d'eau qui retombe dedans & s'y perd ſans moüiller la table. En ſorte que quand on y mange, on a le plaiſir de voir élever cette fontaine au milieu de tous les mêts, ſans que l'eau tombe deſſus, ny qu'on puiſſe en recevoit aucune incommodité. Au milieu des Allées des côtez il y a auſſi des enfoncemens qui ont plus de trois toiſes de profondeur, ſur plus de ſix toiſes d'ouverture; où ſur des marches de gazon ſont élevées de longues Tables de marbre blanc, avec trois Gradins au deſſus, de marbre blanc & rouge en forme de crédence pour ſervir de buffets. Elles sont portées par quatre consoles qui finissent en pates de Lion. De ces Gradins jallissent plusieurs jets d'eau dont la cheute forme des napes qui retombent par cascades jusques sur la table sans la mouiller, l'eau qui en sort aussi par divers ajustages forme des vases, des aiguiéres, des verres, & des caraffes qui semblent étre de crystal de roche garnis de vermeil doré.

La Théatre.

DU Marais l'on entre dans un autre petit bois qui est vis à vis, où par des Allées disposées agréablement on trouve ce qu'on appelle le Théatre. C'est une grande place presque ronde, qui a environ

viron vingt-ſix toiſes de diamétre. Elle eſt ſéparée en deux parties. La premiére contient un demy cercle, autour duquel ſont élevez trois marches en forme de ſiége pour ſervir d'Amphithéatre, qui eſt environné d'Allées couvertes d'Ormes ſur le devant, & de paliſſades de Charmes derriére L'autre partie qui eſt élevée d'environ trois à quatre pieds, eſt le Théatre. Il s'éléve dans le fond par un petit talus de gazon qui laiſſe des paſſages pour les Acteurs; Et dans la paliſſade qui l'environne il y a quatre grandes niches remplies de Baſſins de fontaines ruſtiquement travaillez.

Dans ces Baſſins il y en a d'autres plus élevez où ſont aſſis

assis dés Ensans qui se joüent, les uns avec un Cygne, les autres tiennent un Griffon les autres une Escrevisse, & une Lyre, le tout de bronze, & d'où sort de l'eau en abondance. Entre ces quatre niches sont trois Allées qui s'enfoncent dans le bois, & forment trois perspectives d'une beauté toute nouvelle. Car le milieu de châque Allée est comme un Canal de quatre à cinq toises de large, revêtu des deux côtez de divers coquillages, avec un glacis de gazon qui borde les deux contre-Allées qui sont terminées d'un côté par des palissades de Charmes, & de l'autre le long du Canal, par de petits abrisseaux verds avec des pots de porcelaine pleins

pleins de diverſes fleurs d'eſpace en eſpace. Ces Canaux ne ſont pas remplis d'une eau tranquille & paiſible; ce ſont pluſieurs caſcades qui tombent les unes dans les autres, & qui tirent leur ſource d'un grand Baſſin de coquillages élevé ſur trois autres au bout du Canal. L'eau qui en ſort par grandes napes, vient enfin juſques ſur le derriére du Théatre, où aprés avoir paſſé par des coulettes, elle finit dans trois Baſſins qui ſont vis à vis de ces longues caſcades,

Il y a encore aux deux côtez du Théatre joignant l'Amphithéatre deux Baſſins, d'où s'élévent deux Lances d'eau; Et du Théatre tombent deux grandes napes d'eau l'une sur l'autre, qui le séparent de l'Orchestre, Mais ce qui est le plus surprenant est la quantité des jets d'eau qui s'élévent du milieu de ces Canaux & des côtez des Allées, lesquels forment une infinité de figures d'eau toutes différentes. Car tantôt châque Canal paroît une longue Allée d'eau en forme de Berceau, ornée de plusieurs gros jets d'espace en espace : Tantôt ce sont comme plusieurs palissades de Lances de crystal qui séparent les Canaux & les Allées en plusieurs autres Allées. Tantôt ce sont des Grilles d'eau accompagnées de petits chandeliers ; Tantôt ce sont des aigrettes qui s'élévent à la hauteur des arbres. Enfin l'eau jallit de ces

lieux

lieux en ſi grande abondence ; & en tant de manieres differentes, qu'il eſt impoſſible d'en pouvoir comprendre les divers effets qu'en les voyant.

Lors qu'on ſort de ce lieu, on trouve en face une Fontaine vis à vis l'entrée du Theatre, & enfoncée dans la paliſſade de l'Allée qui y conduit. Il y a un Amour de bronze aſſis ſur un Dauphin ; Il ſemble vouloir tirer une flêche du carcois qui eſt ſur ſes épaules, & au lieu de flêche il en ſort un gros jet d'eau, Le Dauphin qui le porte verſe de l'eau en abondance dans trois coquilles de bronze, d'où elle ſe repend en quatre autres ſemblables, & enſuite dans deux grands Baſſins faits de coquillages tres-

rares

rares, & d'où s'élévent quatre jets d'eau.

Bassin de Cerés.

EN sortant de ce bois l'on trouve un autre grand Bassin qui sépare l'Allée de Cerés d'avec l'Allée de traverse. C'est le Bassin de Cerés, l'un des quatre qui environnent les bosquets, & où sous différentes figures on doit représenter les quatre Saisons. Le Printemps par Flore, l'Esté par Cerés ; l'Automne par Bacchus ; & l'Hyver par Saturne.

Montagne d'Eau.

Au delà de l'Allée de traverse & du même côté que le Théatre, il y a un autre petit bois qui conduit à la Montagne d'eau. Il est divisé par plu-

le Bassin de Ceres.

la Montangne d' Eau.

pluſieurs Allées qui ſont différentes figures. Il y en a cinq qui aboutiſſent à un même centre. Elles ſont bordées des deux côtez d'un treillis qui ſoûtient une paliſſade de Chévre-feuille. Ce treillis eſt diſpoſé d'une maniére toute particuliére, il y a des niches d'eſpace en eſpace, & une corniche par le haut, ſur laquelle on voit une infinité de Pots de porcelaine remplis de diverſes fleurs, qui font un effet admirable contre les grands arbres qui leur ſervent de fond.

Du bas de châque niche s'éléve un jet d'eau; & tout le long de la paliſſade il y a de châque côté des coulettes, ou petis canaux bordez de gazon & de coquillage, avec des

des petites cheures au bouillons d'eau,

Le lieu où ces Allées se terminent, est une espéce de Salo de figure ronde, pallissadé & orné comme les Allées. Entre châque Allée il y a une niche recouverte par en haut avec une espéce de fronton ; Et au milieu du Salon un grand Bassin de fontaine où retombe l'eau, qui en jallissant forme comme une grosse Montagne. Cette eau qui se répend du Bassin par cinq différens endrois vis à vis des Allées, forme cinq grandes napes qui tombent au pied du Bassin. De ce Salon l'on voit au bout de châque Allée une niche, dans laquelle il y a des Bassins revêtus de diverses coquilles, & d'où sortent

le Bassin de flore.

la salle des Festins.

tent des jets d'eau du milieu de pluſieurs pointes de rochers & de coquillages. Ces niches ſont paliſſadées de Chévre-feüille & diſpoſées de même que le Salon, ayant encore devant elles, chacune deux autres fontaines dans les coins des cinq Allées qui conduiſent à la Montagne.

Baſſin de Flore.

AU ſortir de ce lieu on trouve un autre Baſſin d'eau dans la même Allée de Cerés, & dans l'endroit où elle eſt croiſée par une autre Allée de traverſe: on l'appelle le Baſſin de Flore.

La Salle des Feſtins.

Dans l'autre bois qui ſuit celuy de la Montagne eſt le

lieu

lieu qu'on nomme la Salle des Festins. C'est une place d'une fort grande étendue environnée d'arbres, & revêtue tout autour de gazon. Sa figure est plus longue que large; Elle a cinquante-cinq toises de longueur, sur quarante de large. Le milieu est comme une Isle, fermée d'un fossé d'eau, avec des ponts qui avancent & reculent d'une maniere toute particuliere. Il y a en quatre endroits de la place qui environne l'Isle, quatre Bassins d'eau, & quatre autres aux quatre coins de l'Isle. De ces Bassins & de plusieurs endroits des fossez il sort 73. Jets d'eau.

Bassin d'Apollon.

DE ce bois l'on va gagner la

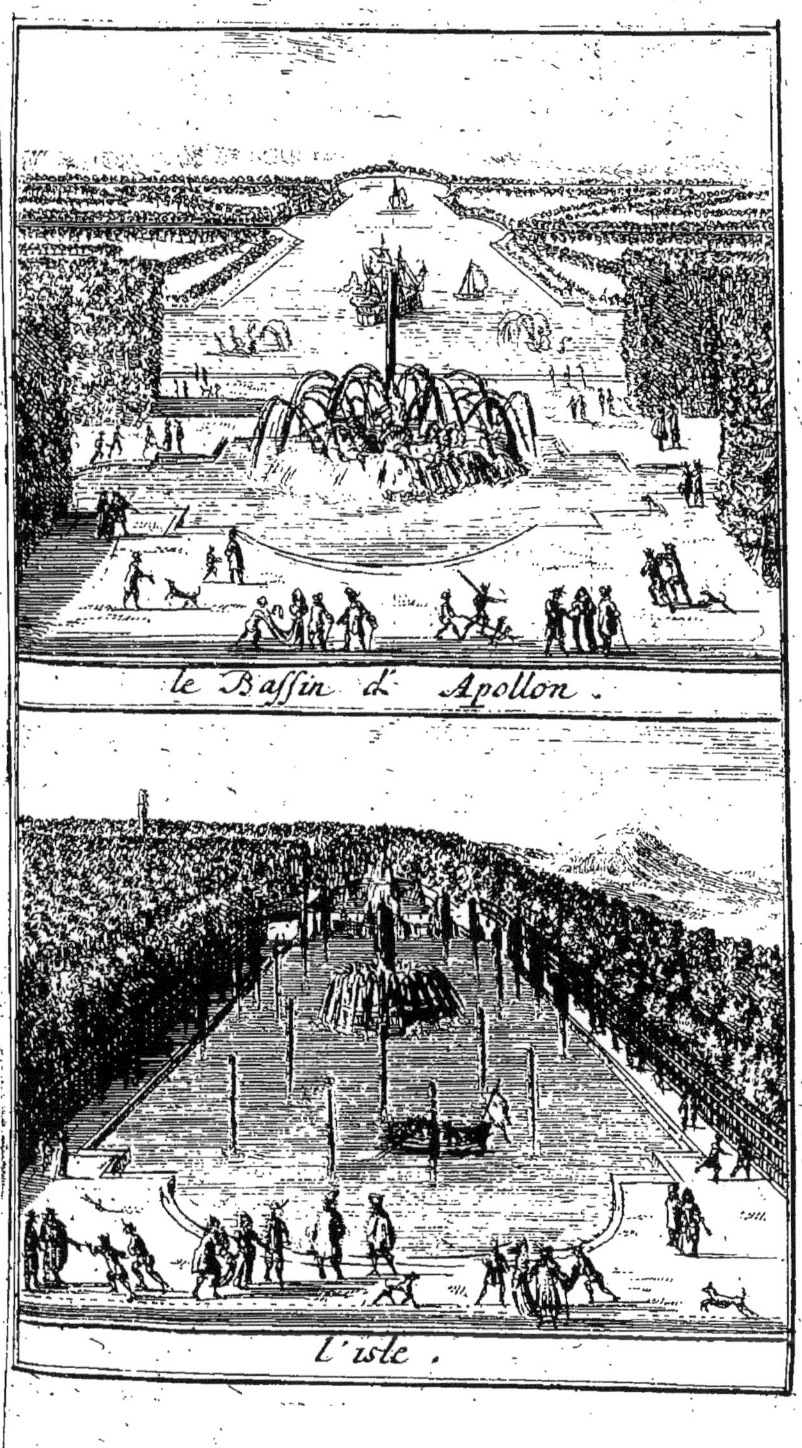

le Bassin d'Apollon.

l'isle.

la
ti
le
qu
m
lo
un
ch
qu
Ba
Ce
aro
a ſ
& q
tre.
Baſ
gran
d'y a
peti

EN
te

la grande Allée du bas du petit Parc, au milieu de laquelle, & vis à vis l'Allée Royale qui est la grande Allée du milieu, est le Bassin d'Apollon, Il est representé dans un chariot tiré par quatre chevaux, & environné de quatre Tritons & de quatre Baleines, le tout de Bronze. Ce Bassin est un quarré long, arondi dans châque face. Il a soixante toises en un sens, & quarante-cinq toises de l'autre. De-là on voit un autre Bassin qui fait la tête du grand Canal, mais avant que d'y aller il faut voir le reste du petit Parc.

L'Isle.

EN remontant vers le Château sur la main droite,

entre l'Allée Royale & l'Allée de Bacchus on trouve la grande piéce d'eau, ou l'Isle, qui a plus de cent trente toises de long, sur plus de soixante toises de large.

Bassin de Saturne.

Proche de-là, entre l'Allée de Bacchus, qu'on appelloit l'Allée des cinq Jets, & celle de traverse, est un autre Bassin de fontaine qu'on nomme le Bassin de Saturne.

Les Bosquets.

DE ce Bassin l'on peut entrer dans les deux Bosquets. Ils sont séparez par la grande Allée du milieu, & sont composez par compartimens de plusieurs petites Allées & cabinets. Au milieu de

le Bassin de Saturne.

les Bosquets.

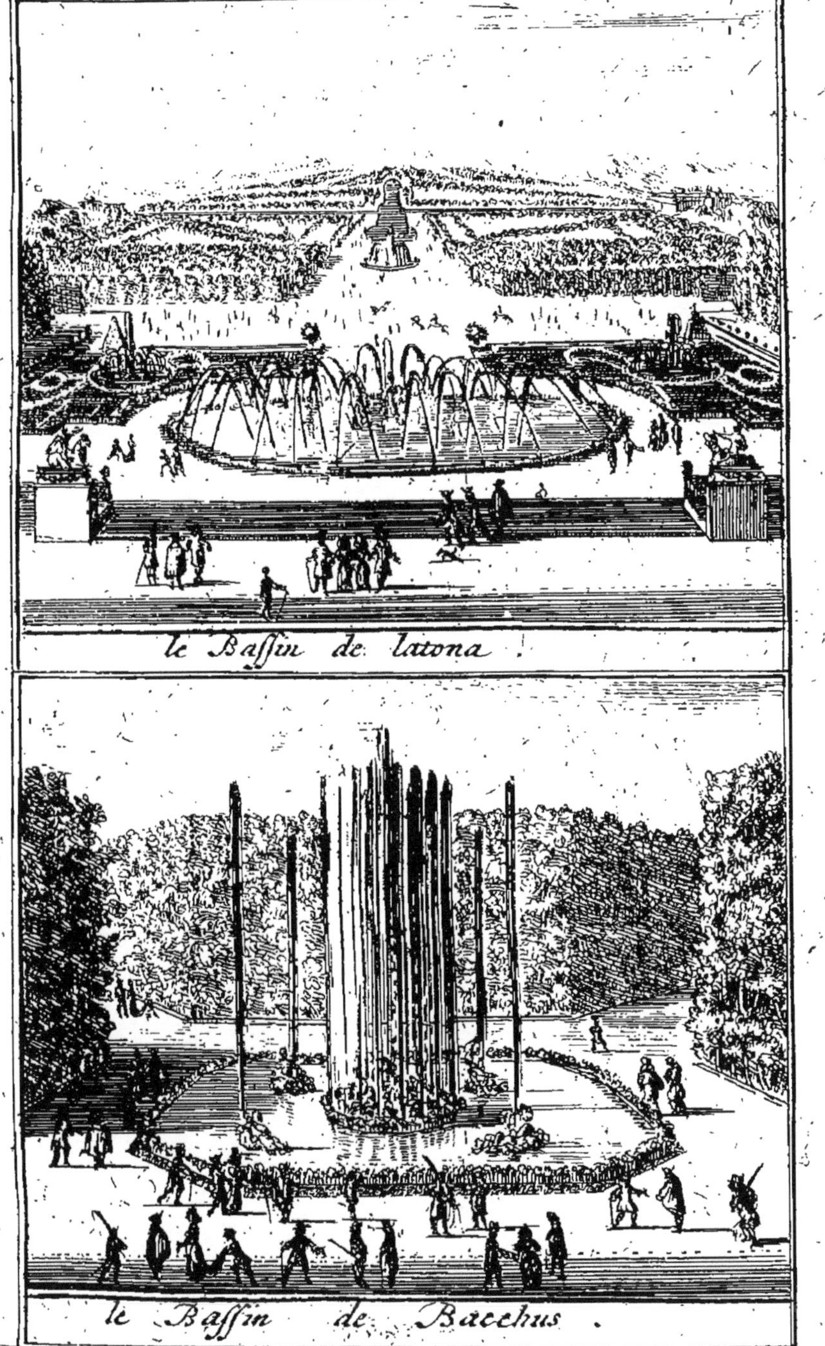

le Baſſin de latona .

le Baſſin de Bacchus .

dc châque bosquet il y a un Bassin de Fontaine, d'où s'éléve un pié-destal qui porte un autre Bassin dont les bords sont de pierres congélées, de différentes couleurs. L'eau qui sort du milieu de ce Bassin par la bouche d'un gros Masque de bronze doré, retombe par napes déchirées le long de ces différentes pierres dans le Bassin d'en-bas, Et c'est aux quatre coins de ces deux Bosquets que sont les Bassins des quatre Saisons dont j'ay parlé.

Bassin de Latone.

AU dessus de ces Bosquets en montant vers le Château il y a deux grandes piéces de gazon qui sont renfermées entre deux rampes, qui forment le Eer à cheval ou demy-lune qui est en face du Château. C'est dans ce grand espace qu'enferme le Fer à cheval qu'est le Bassin de Latone. Elle est de marbre blanc avec ses deux Enfans auprés d'elle. L'on voit autour d'eux des Paisans & des Paisanes changez en Grenoüilles, de différentes maniéres. Ces figures sont de bronze, de méme que vingt-quatre Grenoüilles qui environnent les bords du Bassin, & qui toutes jettent de l'eau en tres-grande abondance. Il y a au milieu de châcune des piéces de gazon, deux autres Bassins de fontaine où sont de jeunes Paisans aussi demy-Grenoüilles qui jettent de l'eau, & autour de ces Bassins il y a des Lézards

Plan du Labirinthe de VERSAILLES.

Lézards & des Tortües, le tout de bronze.

Baſſin de Bacchus.

Dans la même Allée traverſe qui eſt au bas de ces piéces de gazon, & à l'endroit où elle eſt coupée par l'Allée qui dêcend, eſt le quatriéme Baſſin des boſquets, qu'on appelle le Baſſin de Bacchus, de la même grandeur des trois autres.

Le Labyrinthe.

Prés de-là eſt le lieu qu'on nomme le Labyrinthe, parce que c'eſt un endroit compoſé d'une infinité de petites Allées tellement meſlées les unes dans les autres, qu'il eſt mal-aiſé de les ſuivre, & ne ſe pas égarer. Mais ſi l'on ſe trouve embaraſſé par le choix qu'on doit faire de ces différentes routes, l'on eſt agréablement occupé par la quantité des Fontaines & des jets d'eau qui s'y rencontrent. On a même choiſi pour l'embéliſſement des Fontaines. des ſujets qui étans moins ſérieux que ceux dont j'ay parlé, puſſent contribuer davantage à donner du plaiſir & de la joye en les conſidérant. Car on a tiré des Fables anciennes trente-huit ſujets tous différens, qu'on a repreſentez ſoûs des Figures ſi naturelles, & ſi bien exprimées, qu'il eſt mal-aiſé de rien faire de mieux en ce genre-là.

La deſcriprion en ſeroit trop longue pour être miſe exactement dans un récit auſſi

auſſi ſommaire que celuycy. On en verra bien-tôt une auſſi ingénieuſe que le ſujet le mérite, & dont le ſeul nom de l'Autheur ſuffiroit pour la rendre recommandable. Je diray ſeulement icy quelles ſont les Fables qu'on a repréſentées, & en les nommant par ordre, je marqueray le chemin qu'on tient d'ordinaire pour les voir ſucceſſivement les unes aprés les autres, ſans paſſer deux fois par un même endroit.

La premiére Figure eſt celle du Duc & des Oyſeaux.

La II. Le Cocq & la Perdrix.

La III. Le Cocq & le Renard.

La IV. Le Cocq & le Diamant.

La V. Le Chat pendu & les Rats.

La VI. L'Aigle & le Renard.

La VII. Le Geny & les Paons.

La VIII. Le Cocq & le Cocq d'Inde.

La IX. Le Paon & la Pie.

La X. Le Dragon, l'Enclume & la Lime.

La XI. Le Singe & ses petits.

La XII. Le Combat des Animaux.

La XIII. La Poule & les Poussins.

La XIV, Le Renard & la Gruë.

La XV, La Grue & le Renard.

La XVI. Le Paon & le Rossignol.

La XVII. Le Perroquet & le Singe.

La XVIII. Le Singe Jugé.

La XIX. Le Rat & la Grenoüille.

La XX. Le Liévre & la Tortuë.

La XXI. Le Loup & la Gruë.

La XXII. Le Milan & les Oyſeaux.

La XXIII. Le Singe Roy.

La XXIV. Le Renard & le Bouc.

La XXV. Le Conſeil des Rats.

La XXVI. Le Singe & le Chat.

La XXVII. Le Renard & les Raiſins.

La XXVIII. L'Aigle, le Lapin & l'Eſcarbot.

La XXIX. Le Loup & le Porc-Eſpic.

La XXX. Le Serpent à plu-ſieurs Têtes.

La XXXI. Le Souriceau, le Char, le Cochet.

La XXXII. Le Milan & les Colombes.

La XXXIII. Le Dauphin & le Singe.

La XXXIV. Le Renard & le Corbeau.

La XXXV. Le Cygne & la Gruë.

La XXXVI. Ce Loup & la Tête.

La XXXVII. Le Serpent & le Porc-Espic.

La XXXVIII. Les Canes & le petit Barbet, ou le Goufre.

Du Labyrinthe on peut aller à l'Orangerie dont la beauté, & celle des arbres qu'elle contient, méritent une description à part. Ensuite remontant en haut & passant par le Jardin des fleurs, l'on voit le Parterre d'eau. Il est composé de cinq grandes piéces & de deux autres, qui toutes tres ensemble font un compartiment de figures extraordinaires. Lors qu'il sera achevé l'on y verra une infinité de différents Jets d'eau, avec quantité de Figures qui feront une des plus grandes beautez de cette Maison Royale.

Du Grand Parc, & du Grand Canal.

LE petit Parc dont je viens de parler est environné d'un autre qui est divisé par quantité de routes & de grandes Allées bordées de différens arbres. Une des choses les plus considérables qu'on y puisse remarquer est le grand Canal, qui commence au bout du petit Parc vis à vis l'Allée Royale, & environ à quarante toises du Bassin d'Apollon.

pollon. Il a trente deux toises de large sur huit cent toises de long. A la Tête de ce Canal est une piéce d'eau dont la figure est octogone. Il y a quatre côtez tirez en ligne circulaire & trois autres en ligne droite, le quatriéme se joignant au Canal. Cette piéce a soixante-dix toises de diamétre ; par devant elle sépare le petit Parc d'avec le grand, & la partie opposée se joint comme j'ay dit au Canal, qui à l'autre extrémité finit par une autre piéce d'eau de deux cens toises de long sur cent toises de large. Il est traversé dans le milieu par un autre grand Canal large de quarante toises, qui d'un côté conduit à Trianon, & de l'autre côté à la Mênagerie.

La

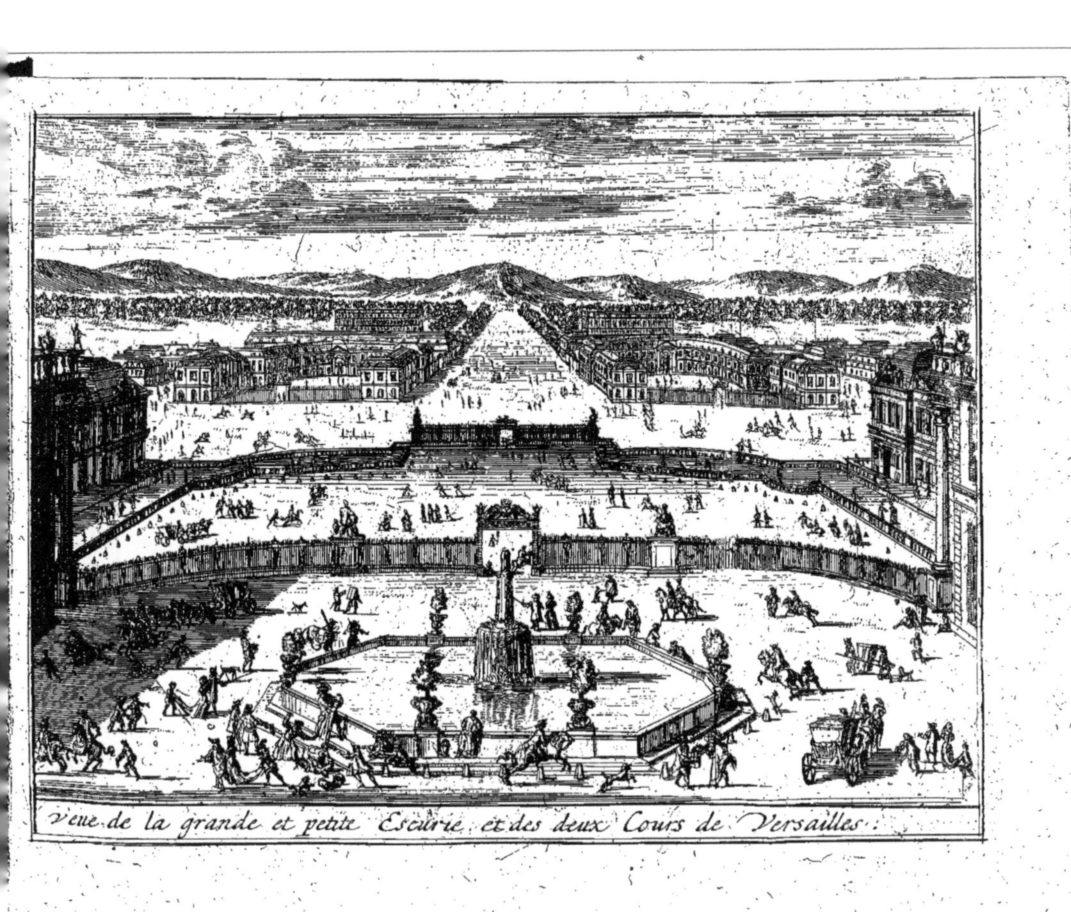

Veue de la grande et petite Escurie et des deux Cours de Versailles.

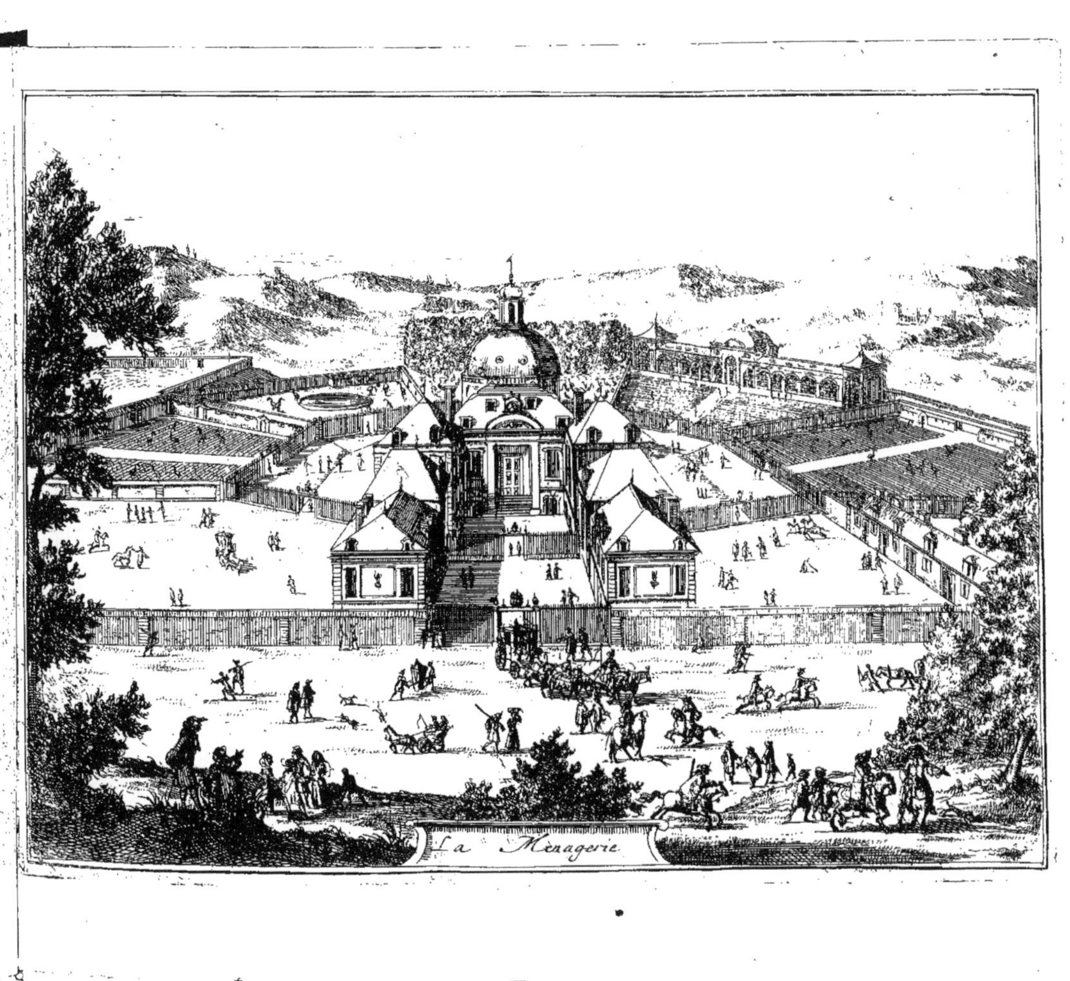

La Ménagerie

La Mênagerie.

LA Mênagerie eſt un lieu où l'on voit tout ce qui peut rendre la vie champêtre agréable & divertiſſante par la nourriture des Animaux de toutes ſortes d'eſpéces. Dans une grande Cour à main gauche ſont les Ecuries, les Etables, les Bergeries & tout ce qu'on appelle la Baſſecour.

Le petit Palais a ſa Cour particuliére au bout d'une grande avenuë d'arbres. Le principal logemenr eſt de figure octogone, & ne contient qu'un Salon, qui eſt ſeulement accompagné par le devant de deux petis Pavillons, au milieu deſquels eſt une rampe de marches qui

 conduit

conduit à un Vestibule, & en suite dans le Salon.

Ce Salon est entouré d'une Cour aussi de figure octogone, fermée de grilles de fer, qui la séparent de sept autres Cours, Ce Salon est aussi environné d'un Balcon d'où l'on voit ces sept Cours qui sont remplies d'une infinité d'Oyseaux tres-rares & d'une quantité incroyable d'Animaux estrangers & sauvages, de toutes les espéces,

TRIANON.

L'autre Maison qui est à l'opposite au delà du Canal, & à main droite en sortant de Versailles, est Trianon. Ce Palais fut regardé d'abord, de de tout le monde, comme un enchantement ; Car n'ayant été

Trianon.

été commencé qu'à la fin de l'Hyver il se trouva fait au Printmps, comme s'il fût sorty de terre avec les fleurs des Jardins qui l'accompagnent, & qui en même temps parurent disposez tels qu'ils sont aujourd'huy, & remplis de toutes sortes de Fleurs, d'Orangers, & d'arbrisseaux verts.

L'on pourroit dire de Trianon, que les Graces & les Amours, qui forment ce qu'il y a de parfait dans les plus beaux& les plus magnifiques ouvrages de l'Art, & même qui donnent l'accomplissement à ceux de la Nature, ont été les seuls Architectes de ce lieu, & qu'ils en ont voulu faire leur demeure.

L'on y arrive par une grande

de Allée. Sa face extérieure a soixante-quatre toises, avec un enfoncement en forme d'un demy-ovale, de plus de vingt toises de long. Au milieu de l'ovale est la principale Porte de fer avec deux balustrades aux côtez, qui se joignent à deux petits Pavillons qui ferment l'entrée.

Par cette principale porte on entre dans une Cour presque ovale, étant seulement quarrée à droit & à gauche par deux Corps de logis séparez de celuy du milieu, dont l'un sert pour les Seigneurs, & l'autre est le logement ordinaire du Concierge du Château.

Ces Corps de Logis ont châcun douze toises en quarré, & sont accompagnez de

Cours

Cours ſéparées, & d'autres Pavillons, qui ſont les encoignures de toute la face de la Maiſon. Ceux qui vont voir ce Château entrent ordinairement par la Cour du Concierge, d'où l'on paſſe par une Porte grillée dans la grande Cour ovale. Car celle-cy, outre la principale entrée, a encore quatre ouvertures ou portes de fer, dont deux ſe communiquent dans les Cours des aîles entre la grande Porte & les gros Pavillons : & les deux autres dans le Jardin entre les mêmes Pavillons & le principal Corps de logis.

Cette Cour a plus de vingt toiſes dans ſa longueur, ſur quinze toiſes de profondeur. Le Château eſt en face qui a quatorze toiſes de long, ſur ſix

ſix à ſept toiſes de large. Sur l'entablement il y a une Baluſtrade chargée de quantité de Vaſes, & toute la couvertute forme une eſpéce d'amortiſſement, dont le bas eſt orné de jeunes Amours armez de dards & de flêches, qui chaſſent aprés des Animaux. Au deſſus il y a pluſieurs Vaſes de porcelaine diſpoſez de degré en degré juſques au faîte du bâtiment, avec différens Oiſeaux repreſentez au naturel. Les Pavillons qui accompagnent le principal Corps de logis*, ſont embélis de la même maniére, & ont rapport au deſſein qu'on a eu de faire un petit Palais d'une conſtruction extraordinaire, & commode pour paſſer quelques heures

heures du jour pendant le chaud de l'Eté. Car ce Palais n'a qu'un ſeul étage ; & lors qu'on a monté ſept marches pour entrer dans le Veſtibule, l'on trouve un Salon dont toutes les murailles ſont revêtues d'un ſtuc tres-blanc & tres-poly avec des ornemens d'azur. La Corniche qui régne autour, & le pla-fonds, ſont auſſi ornez de diverſes figures d'azur ſur un fond blanc, le tout travaillé à la maniére des ouvrages qui viénent de la Chine, à quoi les pavez & les lambris ſe rapportent, étans faits de carreaux de porcelaine.

Ce Salon qui a vingt-deux pieds de long, ſur dix-neuf de large, ſe communique des deux côtez à deux Appar-

temens

temens égaux, qui sont composez chacun d'une chambre, d'un cabinet où est joint une voliére en saillie, & d'une garderobe qui a ses dégagemens, Ces chambres & cabinets sont de même que le Salon, d'un blanc de stuc, mais ornez de différentes maniéres.

Tous ces lieux ont leur veuë & leur sortie sur un Parterre en terrasse, où vis à vis des chmbres l'on voit quatre Jets d'eau qui jalissent fort haut du milieu de quatre Bassins élevez sur des piédestaux.

De ce Parterre l'on dêcend dans un autre jardin, qu'on pourroit avec raison nommer le séjour ordinaire du Printemps; car en quelque saison qu'on y aille il est enrichy de toutes

toutes ſortes de fleurs; & l'air qu'on y reſpire eſt toûjours parfumé de celles des Jaſmins & des Orangers ſoûs leſquels on ſe proméne, Mais comme dans toutes les diverſes ſaiſons on y voit des changemens extraordinaires & ſurprenans, ſoit dans la diverſité des fleurs, ſoit même dans la diſpoſition du lieu, il faut remettre à une autre fois à en faire une deſcripton plus particuliére, & cependant laiſſer juger à ceux qui verront tous ces beaux lieux, s'il y en a de plus délicieux & de plus agréables.

Le fameux Mr. Charles le Brun, (l'Appelles de nôtre ſiécle) y a êtalé tout ce que ſon grand génie & la plus féconde & la plus heureuſe imagination qui puiſſe avantager ce

bel

bel Art libéral de la peinture, luy ont pû suggérer.

Mr. de la Quintinie, l'un des hommes les plus éclairez que la Province de Périgort ait produit depuis long-temps pour les rares connoissances qu'il s'est acquises de la nature des arbres, des plantes & des fleurs, contribue par ses soins, avec un admirable succez, à la fécondité & à l'ornement de ses jardins; & M. Bontemps l'un des *Valets de Chambre* du Roy, qui a soin des Appartemens, y conserve & entretient le tout avec propreté & un ordre admirable. Tout ce que l'on sçauroit dire de ce beau lieu est au dessous de ce que la vüe en fournira à ceux qui auront la curiosité de le considérer, &aprés avoir admiré

miré ſes Grotes, ſes Caſcades, ſes Allées, & ſes Appartemens avec toutes leurs rares peintures, l'on pourra luy dire, & faire ce défy avec vérité, par ce Diſtique Latin,

Omnia ſi luſtres alienæ climata terræ,
Non eſt in toto pulchrior orbe locus.

FIN.

Au Relieur, pour placer les Figures.

www.ingramcontent.com/pod-product-compliance
Ingram Content Group UK Ltd.
Pitfield, Milton Keynes, MK11 3LW, UK
UKHW021108220726
13924UKWH00004B/1576